圆肩驼背自救！

28天有效缓解
肩颈疼痛，让背"变薄"

席蕊 编著

人民邮电出版社

北 京

图书在版编目（CIP）数据

圆肩驼背自救！28 天有效缓解肩颈疼痛，让背"变薄" / 席蕊编著. -- 北京 : 人民邮电出版社, 2025. -- ISBN 978-7-115-65301-7

Ⅰ. G883

中国国家版本馆 CIP 数据核字第 2024EP7642 号

免 责 声 明

本书内容旨在为大众提供有用的信息。所有材料（包括文本、图形和图像）仅供参考，不能用于对特定疾病或症状的医疗诊断、建议或治疗。所有读者在针对任何一般性或特定的健康问题开始某项锻炼之前，均应向专业的医疗保健机构或医生进行咨询。作者和出版商都已尽可能确保本书技术上的准确性以及合理性，且并不特别推崇任何治疗方法、方案、建议或本书中的其他信息，并特别声明，不会承担由于使用本出版物中的材料而遭受的任何损伤所直接或间接产生的与个人或团体相关的一切责任、损失或风险。

内 容 提 要

本书是指导读者改善圆肩驼背的实用手册。本书首先介绍了良好姿势的基础知识，包括正确的坐姿、站姿和躺姿，以及关节对位、对线、年龄、呼吸和筋膜对姿势的影响；接着详细解释了圆肩驼背的自测方法和它可能引起的健康问题；然后探讨了导致圆肩驼背的多种原因，以及如何预防圆肩驼背等；最后提供了一套为期 28 天的纠正圆肩驼背的锻炼计划。此外，本书还介绍了日常改善肩颈紧张及疼痛的方法和练习，帮助读者逐步改善圆肩驼背姿势，提升整体健康和生活质量。

- ◆ 编　著　席　蕊

   责任编辑　刘日红

   责任印制　彭志环

- ◆ 人民邮电出版社出版发行　北京市丰台区成寿寺路 11 号

   邮编　100164　电子邮件　315@ptpress.com.cn

   网址　https://www.ptpress.com.cn

   北京宝隆世纪印刷有限公司印刷

- ◆ 开本：880×1230　1/32

   印张：3.5　　　　　　　　　2025 年 5 月第 1 版

   字数：88 千字　　　　　　2025 年 5 月北京第 1 次印刷

定价：29.80 元

读者服务热线：(010)81055296　印装质量热线：(010)81055316

反盗版热线：(010)81055315

视频观看说明

　　本书提供了动作的在线演示视频，你可以按照以下步骤，获取并观看。

　　1. 点击微信聊天界面右上角的"+"，弹出功能菜单（图1）。

　　2. 点击"扫一扫"，扫描下方二维码。

　　3. 添加企业微信为好友后：

　　● 若首次添加企业微信（图2），添加后即可获取本书在线视频；

　　● 若非首次添加企业微信，需进入聊天界面并回复关键词"65301"。

　　4. 点击弹出的视频链接，即可直接观看视频。

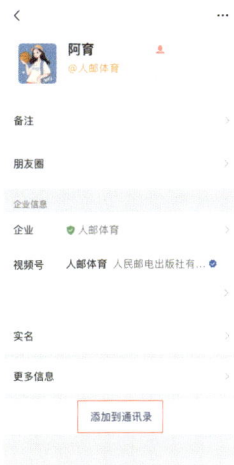

图1　　　　　　　　　　　　　图2

目录

导论：关于身体姿势，你必须了解的那些事

第 1 章 什么是圆肩驼背

第 2 章 圆肩驼背是怎么发生的

第 3 章 锻炼改善姿势：28 天帮你纠正圆肩驼背

第 4 章 日常改善肩颈紧张及疼痛的练习

导论：关于身体姿势，你必须了解的那些事

什么是良好的姿势

在解释什么是良好姿势之前，我们来确定一下姿势的概念。其实姿势包含了两方面的内容，即体位和姿态。体位指的是我们的身体与重心的相对位置，例如站位、坐位和卧位。姿态是指身体各个部位所处的位置。

良好的姿势是指在任何体位下，身体各个部位、关节的受力相对平均，避免某些部位承受过度的压力。简单来说，良好的姿势就是最省力的姿势，专业人士也用"中立位"来形容这种姿势。例如，脊柱的中立位就是任何体位（站立位、仰卧位等）下脊柱都能保持正常的生理曲度（从正面看呈一条直线，从侧面看呈S形）。

经常处于不良姿势会使一些肌肉和筋膜变得紧绷和僵硬，还会让另外一些肌肉和筋膜变得无力和松弛。长此以往，不良姿势会削弱身体对抗外界压力的能力，使韧带和关节产生更多的撕裂和磨损。现在，让我们先来了解一下生活中的良好姿势。

我该如何坐

1 调整椅子靠背，使中、下背部得到支撑，放松肩膀，脊柱保持正常生理曲线。

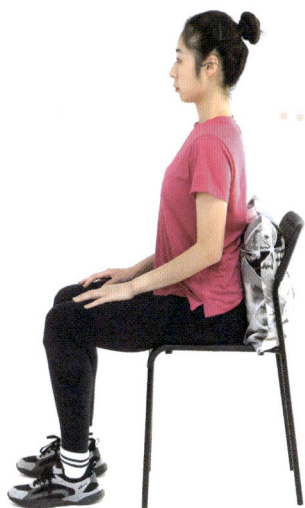

2 不要弯腰驼背；膝盖后方和座位之间保持一小段距离；双侧大腿放平，不要跷二郎腿。

3 如面前有桌子，可将前臂置于桌上，椅子高度以保证脚可以自然平放在地面上为准。

错误的坐姿可能导致不良的健康问题，如背痛、肩颈不适和头痛等。以下是几种常见的错误坐姿。

☐ 跷腿前倾

☐ 过度前倾

☐ 跷二郎腿

☐ 圆肩、驼背、头前伸

☐ 脊柱侧倾

我该如何站

身体大部分重心放在脚掌上；双脚分开，保持膝关节微微弯曲；手臂自然地垂于身体两侧。

正面视角

侧面视角

耳垂

肩峰

股骨大转子

膝关节前部

外踝前 2～3 厘米

从侧面看，耳垂、肩峰、股骨大转子、膝关节前部、外踝前2～3厘米这5个标志点在一条直线上，并与地面垂直。

错误的站姿可能导致身体不适、疼痛，甚至长期的健康问题。以下是一些常见的错误站姿。

☐ **骨盆歪斜**　　☐ **骨盆前倾**　　☐ **骨盆后倾**

☐ **交叉站立**　　　　☐ **单侧支撑**

我该如何躺

右侧卧睡和仰卧睡适合大多数身体健康的人。

在右侧卧睡时，一定注意枕头的高度应与肩同高，并且要使头部处于中立位，不能歪斜，这样我们的肩颈部肌肉才能得到充分的放松。同时，可以在两膝之间夹一个枕头，这样可以保持我们的骨盆处于相对中正位置，不会在睡熟时出现交叉腿，从而避免过度扭曲。此外，可以在胸前抱一个枕头，对左臂形成支撑，使左侧肩部处于放松、舒适的位置。

支撑左臂

侧卧姿势

防止交叉腿

在仰卧睡时，枕头高度也要与肩同高，使我们的颈部处在正常前凸的位置。此外，可以在腰部、膝部各垫一个垫子，对这些部位的肌肉形成有效支撑，使其充分放松。

仰卧姿势

枕头高度与肩同高

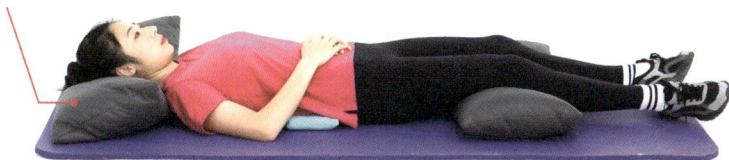

关节对位、对线与身体姿势

　　关节对位、对线使构成关节的骨骼受力均匀，避免骨骼的某个点或某个位置集中受力；同时可以使关节周围的肌肉协调工作，便于力量传递，避免关节软骨磨损，从而使身体活动更高效且能够预防损伤。这就好比火车在轨道上行驶，如果火车轮可以和轨道良好地贴合，火车就能平稳且高效地前进，如果火车轮和轨道贴合不佳，车轮和轨道的磨损就会增加，并且车轮有出轨的危险。

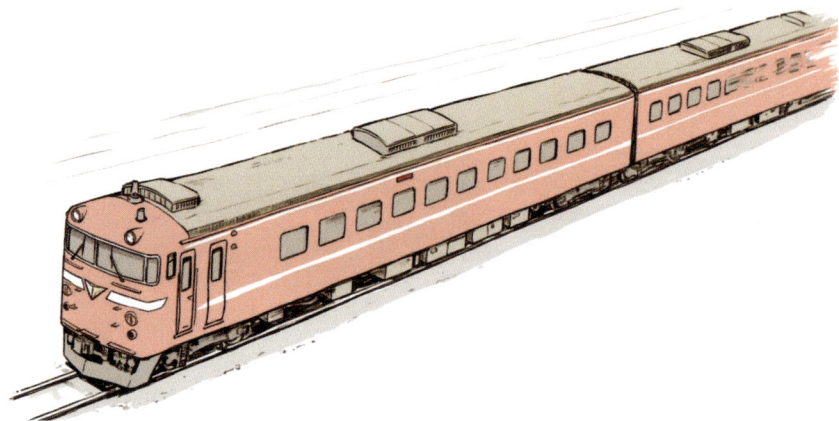

　　同样，当关节对位、对线不良时，骨和软骨的磨损就会增加，并且还会使身体的软组织（肌肉、筋膜和韧带）失去原有的弹性和长度，不能发挥正常的功能。随着时间的推移，身体的软组织还会反向影响关节的位置，从而形成恶性循环。因此，关节对位、对线是保持良好姿势的基础。

年龄增长与身体姿势

　　成年以后，随着年龄的增长，人体支撑姿势的骨头和肌肉都开始变得衰弱。当骨量减少时，就容易发生骨折，这种状态被称为骨质疏松症。女性45～55岁会停经，随着雌激素减少，骨量也不断降低，身体容易患骨质疏松症；男性约50岁以后，骨量开始减少。骨质疏松症会导致椎间盘变形，进而发展成驼背的姿势。

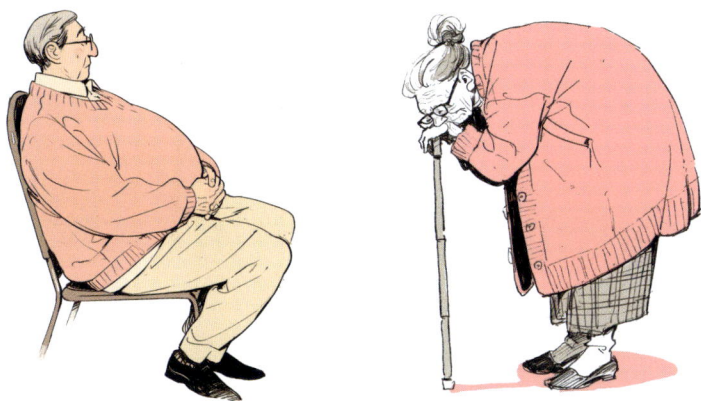

　　支撑姿势的肌肉如果得不到足够的锻炼，就会从30岁左右开始，肌肉含量每年持续减少0.5%～1%。如大家常说的，老化是从腰腿开始的，肌肉特别容易减少的部位就是下肢。大腿和小腿肌肉必须支撑体重，所以和上肢比起来，下肢肌肉的体积相对较大且力量较大，但是如果没有足够的负荷刺激，肌肉就容易衰弱。一旦下肢肌肉衰弱，就很难支撑体重，导致身体不易取得平衡，髋关节和膝关节就会弯曲，使重心下降，出现弯腰驼背的姿势，这也是年老者容易出现的姿势。大腿的肌肉衰弱后，膝关节受到的冲击力变大，导致软骨磨损，造成膝关节疼痛，并发展成退化性膝关节炎。

呼吸与身体姿势

成年人每分钟大约呼吸12~18次，以每分钟呼吸18次来计算，一天呼吸25,000次以上。这25,000次的呼吸吸入了人体所有细胞和组织所需的氧气，并排出了二氧化碳，是生命活动的基础。

然而，当身体姿势不正确时，呼吸就会变浅，无法运送身体所需的氧气，细胞的活动就会因此减少，甚至无法顺利地将二氧化碳排出体外。姿势和呼吸之所以有关系，是因为维持姿势的肌肉也参与呼吸，因此，当支撑身体的肌肉变得衰弱后，除了无法再维持正确的姿势，还会对呼吸造成不良影响。

筋膜与姿势

筋膜存在于全身，包裹着肌肉、肌腱和内脏器官，并将它们连接在一起。筋膜对于我们而言并不陌生，例如鲜肉表面分散着透明白色薄膜或丝状物，吃起来不容易咬断，其就是筋膜。筋膜负责保护肌肉，连接肌肉、肌腱、骨骼等系统，当我们长期处于圆肩驼背不良姿势时，原本灵活、有弹性且可以拉伸的筋膜会固定在某一个位置，久而久之，筋膜失去原来的柔韧性，慢慢老化。当筋膜发生形变时，会产生异常的牵拉力（即出现粘连），从而加剧姿势失衡，使情况恶化。由于这种失衡是长时间产生的，所以人们通常很晚才会注意到。

第 **1** 章

什么是圆肩驼背

1.1

如何判断圆肩驼背姿势

准备

圆肩自测方法 1

　　双手各拿一支笔，接着原地踏步十次并左右摆动手臂，停止踏步后恢复平常的站立姿势，同时低头观察手中笔的朝向。如果笔尖朝内，靠向自己的身体，则可能有圆肩；如果笔尖朝前或朝外，则圆肩的可能性较小。

☐ 笔尖向内　　　　　☐ 笔尖向外

准备

圆肩自测方法 2

侧身对着镜子，找同伴帮忙观察自己的耳垂和肩膀的肩峰部连线是否垂直于地面。

眼睛平视前方

! 如果不垂直于地面，则说明存在圆肩问题。

✓ 如果垂直于地面，则说明圆肩的可能性小。

☐ 斜线

☐ 直线

驼背自测方法

　　靠墙站立，使头部、臀部和脚跟紧贴墙面并观察三者的位置（可以让同伴帮忙观察）。

☐ **头部无法紧贴**　　　　　☐ **三者都可以紧贴**

❗如果臀部与脚跟紧贴墙面时，头部无法紧贴墙面，则可能是驼背。

✅如果三者都能紧贴墙面，则驼背的可能性小。

1.2
圆肩驼背会导致哪些健康问题

问题 1

　　圆肩驼背使肩部和背部的一些肌肉非常紧张，从而导致肩痛和背痛；严重情况下，会压迫穿过颈肩部的神经，引起手臂麻痹的问题。

☐ **肩背疼痛**　　　　　☐ **手臂麻痹**

问题 2

　　圆肩驼背使肩胛骨向前移动，肩胛骨周围的一些肌肉被拉长，使肩胛骨不稳定，肩部活动能力下降，容易引发肩关节损伤，特别是在打羽毛球和游泳等需要肩部大幅度活动的运动中。

问题 3

圆肩驼背会压迫肺，使呼吸不顺畅，摄入的氧气不足，体内废弃物排出缓慢且受阻，引起体内积累毒素，可能会出现说话都觉得疲惫的情况。

☐ **容易疲惫**

问题 4

驼背的人的身体重心向后移动，容易导致下肢肿胀、乏力。

第2章

圆肩驼背是怎么发生的

2.1

导致圆肩驼背姿势的原因有哪些

久坐或不良姿势

当我们长期保持同一个姿势时，即使这个姿势是正确的，也会影响人体的肌肉平衡，因为长时间保持一个姿势会使肌肉疲劳和紧张，从而引起圆肩驼背。长期伏案工作一般很容易导致头部不自觉前伸、胸椎过度后凸（含胸）。

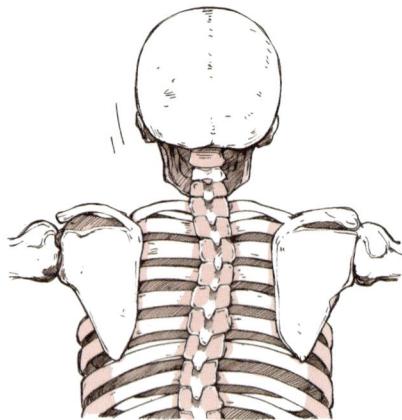

骨骼畸形

胸廓狭窄、脊柱侧弯等疾病导致身体在成长发育过程中无法完全保持正常位置，引起圆肩驼背。

遗传因素

一些圆肩驼背是由家庭遗传因素引起的。

💡 遗传是生物体将遗传信息传递给后代，使后代表现出相似的遗传特征的过程。

不正确的训练方式

在平时健身中，过度训练胸部肌肉，没有注意肩背部肌肉的练习，使身体前后侧肌肉不平衡，从而造成不良的体态。

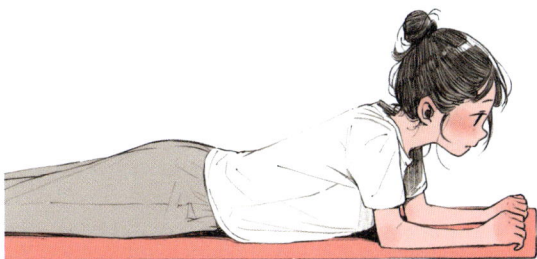

2.2

一般需要锻炼多久才可以改变圆肩驼背

对于不良姿势习惯导致的圆肩驼背，通过连续4周的拉伸和力量强化练习，就能得到明显改善。而由遗传因素或骨骼畸形导致的圆肩驼背，则需要医疗介入。

☐ 力量强化　　　　　　　　☐ 每日拉伸

2.3
什么时候应该去看医生或康复师

　　如果出现了头痛、肩痛或其他症状，或者肩颈疼痛持续了很长时间（一周以上）都没有缓解，甚至影响了正常生活和工作，则应主动寻求专业人士（医生或康复师等）的帮助。

☐ 头痛　　　　　　　　　　　☐ 肩痛

　　💡 康复师可以帮你分析和判断问题的根源，并且根据你的个人情况设计具有针对性的纠正性锻炼方案。

2.4

如何预防圆肩驼背

纠正不良生活习惯

避免长时间低头看手机，避免长时间伏案工作，强迫自己定时从忙碌的工作中起身休息一下，例如每40分钟起身离开座位休息几分钟。

☐ **起身活动**　　　　　　　　☐ **放松时刻**

适量且均衡的体育运动

　　通过锻炼加强核心肌肉和背部肌肉力量，例如做仰卧起坐、臀桥、侧桥等，或者进行其他不同类型的体育运动，例如游泳、跑步、打羽毛球等，均有预防圆肩驼背的作用。

☐ **臀桥**

☐ **跑步**　　　　　　　　　　☐ **打羽毛球**

每天进行拉伸运动

每天进行10~20分钟的拉伸训练，可有效缓解背部肌肉的紧张和僵硬，从而起到预防圆肩驼背的作用。

使用正确的办公用具

选择符合人体工程学的办公用具，例如桌椅的高度应能使脊柱保持正常的曲线（参考导论"我该如何坐"部分内容）。

第 **3** 章

锻炼改善姿势：
28 天帮你纠正
圆肩驼背

▶ 圆肩驼背的 28 天纠正性锻炼计划

　　针对圆肩驼背姿势问题，我们推荐28天的纠正性锻炼计划，旨在通过这几周的锻炼计划帮你纠正圆肩驼背的姿势，更希望你通过28天的坚持，学会并熟练掌握这些练习，从而在日后的生活中经常练习，帮助维护你的身体健康。这28天的锻炼安排也是依照循序渐进的原则，从简单易做的练习入手，随着训练状态的提升逐步增加难度。每个练习的动作都进行了清晰的讲解，同时针对实际操作中可能会遇到的问题做出提示（注意）。

第 1 周练习内容

第1周的纠正性锻炼内容旨在放松紧张的肌肉，并通过关节活动度练习感知身体灵活性的变化，以及通过激活虚弱无力的肌肉来为后面的锻炼做准备。

*小贴士：如果你在进行某项练习时感到剧烈疼痛，应该立即停止这项练习。

星期一

| 练习一：胸部肌肉放松（第20页） | 练习二：背部肌肉放松（第22页） | 练习八：颈椎灵活性练习（第34页） |

星期二

| 练习一：胸部肌肉放松（第20页） | 练习二：背部肌肉放松（第22页） | 练习三：侧卧胸椎旋转练习（第24页） | 练习八：颈椎灵活性练习（第34页） |

星期三

练习三：侧卧胸椎旋转练习（第24页）	练习四：胸部肌肉拉伸（第26页）	练习五：抱头扩胸（第28页）	练习六：扶椅扩胸（第30页）

星期四

练习一：胸部肌肉放松（第20页）	练习二：背部肌肉放松（第22页）	练习三：侧卧胸椎旋转练习（第24页）	练习四：胸部肌肉拉伸（第26页）	练习五：抱头扩胸（第28页）

星期五

练习三：侧卧胸椎旋转练习（第24页）	练习四：胸部肌肉拉伸（第26页）	练习五：抱头扩胸（第28页）	练习六：扶椅扩胸（第30页）	练习七：坐位扩胸－屈肘（第32页）

星期六

练习三：侧卧胸椎旋转练习
（第 24 页）

练习四：胸部肌肉拉伸
（第 26 页）

练习五：抱头扩胸
（第 28 页）

练习六：扶椅扩胸
（第 30 页）

练习七：坐位扩胸－屈肘
（第 32 页）

练习八：颈椎灵活性练习
（第 34 页）

星期日

| 练习一：胸部肌肉放松（第 20 页） | 练习二：背部肌肉放松（第 22 页） | 练习三：侧卧胸椎旋转练习（第 24 页） | 练习七：坐位扩胸－屈肘（第 32 页） | 练习八：颈椎灵活性练习（第 34 页） |

练习一：胸部肌肉放松

■ **练习目标** 放松胸部紧张的肌肉

位置示意

← 缓慢施加压力

1 将一个硬质小球（如网球或筋膜球）放在胸部靠近肩的位置。

2 找一面墙，顶住小球将胸部朝向墙面的方向压。

重复次数 左右两侧每次各放松1~2分钟，每天进行1~2次

3 上下或左右滚压球 1 ~ 2 分钟，并在有酸痛感的位置保持数秒，然后继续滚压球。

随着球的移动，
寻找酸痛点

注意

施加的压力应适宜，不要引起明显的疼痛感。

练习二：背部肌肉放松

练习目标 放松背部紧张肌肉

位置示意

1 将一个硬质小球（如网球或筋膜球）放在上背部的位置。

■ **重复次数** 每次放松1～2分钟，每天进行1～2次

上下或左右滚压球

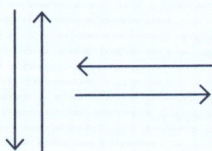

2 找一面墙，顶住小球将背部朝向墙面的方向压。上下或左右滚压球，并在有酸痛感的位置保持数秒，然后继续滚压球。

双腿屈膝半蹲

23

练习三：侧卧胸椎旋转练习

■ **练习目标** 增加胸椎活动度，缓解背部僵硬

起始姿势

保持骨盆稳定

1 右侧卧在垫子上，左髋屈曲并在左膝关节下方放置泡沫轴（可用枕头等代替），使左侧大腿与地面平行并稳定骨盆，同时双臂伸直，双手合掌。

■ **重复次数**　左右两侧各重复10~15次为1组，每侧进行 3~4组

2　左臂保持伸直并向左侧打开至最大限度，头部跟随左臂转向左侧，然后保持3~5秒。缓慢返回起始姿势，重复规定的次数。换另一侧重复上述动作。

25

练习四：胸部肌肉拉伸

■ **练习目标** 提高胸部肌肉柔韧性

起始姿势

1 左腿向前跨步，面向右斜方站立，右腿在后且脚尖点地，右手扶着门框或其他固定物。

注意

保持自然呼吸。

■ **重复次数** 左右两侧各拉伸2～3次

体会右侧胸部的
拉伸感

2 下肢和右臂保持不动，躯干向左旋转，在右侧胸部有拉伸感的位置停住，保持30秒左右，然后缓慢返回起始姿势，重复规定的次数。换另一侧重复拉伸。

练习五：抱头扩胸

■ **练习目标** 拉伸胸部肌筋膜

起始姿势

1 站立位，双脚打开与肩同宽，双手于头侧面抱头。

注意

保持自然呼吸；收腹，避免腹部向前凸出。

■ **重复次数**　重复10～15次为一组，进行3～4组，组间休息1分钟

在扩胸至最大限度的位置保持 3 ～ 5 秒

2　双肘向两边打开，做扩胸动作至最大限度，然后保持3～5秒，再缓慢返回起始姿势，重复规定的次数。

练习六：扶椅扩胸

■ **练习目标** 拉伸胸部肌筋膜，增加肩关节灵活性

注意

保持自然呼吸，避免活动幅度过大。如果运动过程中腰椎有不适感，则停止此项练习。

起始姿势

1 双脚分开，站在椅子后面，双手扶椅背。

重复次数 左右两侧各重复10～15次为一组，每侧进行 3～4组

眼睛看向左手

下肢始终保持不动

2 左臂向左斜上方伸直打开，带动躯干和头部向左侧旋转 至最大限度，然后保持3～5秒后，再缓慢返回起始姿 势，重复规定的次数。换另一侧重复上述动作。

练习七：坐位扩胸 - 屈肘

练习目标 拉伸胸部肌筋膜

起始姿势

注意

保持自然呼吸，
整个过程保持
腹部肌肉收紧。

1 坐位，双腿分开，屈曲
肩关节和肘关节，使上
臂与地面平行，前臂与
地面垂直。

重复次数　重复10～15次为一组，进行3～4组，组间休息1分钟

2　双臂向两侧打开至与躯干在同一平面，然后保持3～5秒，再返回起始姿势，重复规定的次数。

核心收紧，避免腹部向前凸

练习八：颈椎灵活性练习

■ **练习目标**　提高颈椎灵活性

■ **重复次数**　重复10～15次为一组，进行3～4组，组间休息
1分钟

起始姿势

均匀呼吸

向后仰头

1 双脚分开站立，将毛
巾绕于颈后，双手分
别持毛巾两端。

2 双手拉紧毛巾，同时头部向
后仰、伸展颈部并保持3～5
秒，然后返回起始姿势，重
复规定的次数。

第 2 周练习内容

　　第2周的训练目标是进一步通过关节活动度练习提高胸椎和肩关节的灵活性，减轻关节僵硬感，并通过一些肌肉力量训练来锻炼虚弱无力的肌肉。

　　*小贴士：如果你在进行某项练习时感到剧烈疼痛，应该立即停止这项练习。

星期一

练习九：坐位扩胸 - 伸直手臂（第 38 页）	练习十：双手侧向上举练习（第 40 页）	练习十一：站立位"W"练习（第 42 页）	练习十二：双手交叉，手臂上举（第 44 页）

星期二

练习十：双手侧向上举练习（第 40 页）	练习十一：站立位"W"练习（第 42 页）	练习十二：双手交叉，手臂上举（第 44 页）	练习十三：站立脊柱旋转练习（第 46 页）

星期三

练习九：坐位扩胸－伸直手臂（第38页）	练习十：双手侧向上举练习（第40页）	练习十一：站立位"W"练习（第42页）	练习十三：站立脊柱旋转练习（第46页）	练习十四：双手抱头，胸椎旋转（第48页）

星期四

练习九：坐位扩胸－伸直手臂（第38页）	练习十：双手侧向上举练习（第40页）	练习十一：站立位"W"练习（第42页）	练习十二：双手交叉，手臂上举（第44页）	练习十三：站立脊柱旋转练习（第46页）

星期五

练习十：双手侧向上举练习（第40页）	练习十一：站立位"W"练习（第42页）	练习十二：双手交叉，手臂上举（第44页）

练习十三：站立脊柱旋转练习（第 46 页）	练习十四：双手抱头，胸椎旋转（第 48 页）	练习十五：肩关节后伸练习（第 50 页）

星期六

练习九：坐位扩胸－伸直手臂（第 38 页）	练习十：双手侧向上举练习（第 40 页）	练习十一：站立位"W"练习（第 42 页）

练习十二：双手交叉，手臂上举（第 44 页）	练习十三：站立脊柱旋转练习（第 46 页）	练习十四：双手抱头，胸椎旋转（第 48 页）

星期日

练习十：双手侧向上举练习（第 40 页）	练习十一：站立位"W"练习（第 42 页）	练习十五：肩关节后伸练习（第 50 页）

练习九：坐位扩胸－伸直手臂

■ **练习目标** 拉伸胸部肌筋膜，提高肩关节灵活性

注意

起始姿势

保持自然呼吸，下肢不动。

1 坐位或站立位，双臂向前水平伸直，双手掌心相对。

■ **重复次数**　重复10~15次为一组，进行4~5组，组间休息
　　　　　　　1分钟

收紧腹肌和臀肌

2　双臂向两侧水平打开，与肩膀呈一条直线，双手掌
　心朝上，然后保持 3 ~ 5 秒，再返回起始姿势，重
　复规定的次数。

练习十：双手侧向上举练习

■ **练习目标** 拉伸身体侧面筋膜，提高肩关节灵活性

起始姿势

掌心朝下 ←

1 双脚分开站立，肩颈放松，双臂分别在身体两侧稍稍打开，双手伸展。

■ **重复次数**　重复10~15次为一组，进行3~4组，组间休息1分钟

掌心朝上

注意

如果双臂无法举高至头顶，不要勉力进行，举高至最大限度即可。

收紧小腹

2　双臂从两侧举高至头顶，双手掌心朝上，然后保持3~5秒，再返回起始姿势，重复规定的次数。

练习十一：站立位 "W" 练习

■ **练习目标** 加强上背部肌肉的力量

起始姿势

与地面呈 45 度夹角

1 双脚分开站立，收紧臀肌和腹肌，双臂伸直上举至与地面大约呈 45 度，双手握拳。

■ **重复次数** 重复10~15次为一组，共3组，组间休息30~60秒

感受肩胛骨
向中间靠拢
的挤压感

注意

保持自然呼吸，避
免腹部向前凸出。

2 背部肌肉发力，两侧肩
胛骨向中间挤压，双臂
收回至躯干两侧，然后
保持 3 ~ 5 秒，再返回
起始姿势，重复规定的
次数。

练习十二：双手交叉，手臂上举

练习目标 拉伸肩部、臂部和背部肌肉，强化臀部和腹部肌肉

起始姿势

保持自然呼吸

1 双脚分开站立，双臂于体侧自然伸直。

2 收紧臀肌和腹肌，双手交叉于腹前，双手掌心朝下。

■ **重复次数**　重复10～15次为一组，进行3～4组，组间休息
　　　　　　　1分钟

拉伸时用力适中，
避免拉伤肌肉

注意

如果双臂无法举至头顶，不要勉力进行，举高至最大限度即可。

3　接着双臂上举至头顶，双手掌心朝向天花板，保持这个
　姿势3～5秒，再返回起始姿势，重复规定的次数。

练习十三：站立脊柱旋转练习

练习目标 增加脊柱灵活性

起始姿势

腰背挺直

注意

保持自然呼吸；如果腰部出现不适，则停止该练习。

1 双脚分开站立，双臂向前水平伸直，双掌相对。

■ **重复次数**　左右两侧各重复5～10次为一组，每侧进行3～4
组，组间休息1分钟

目光一直跟随运动方向

2　右臂保持不动，左臂向左侧打开，头部和躯干随着左臂向左
转，打开至最大限度后保持3～5秒，再缓慢返回起始姿势，
重复规定的次数。换另一侧重复上述动作。

练习十四：双手抱头，胸椎旋转

练习目标 增加脊柱灵活度

头部尽可能向上延展

起始姿势

1　坐位，双脚分开，与髋同宽，双手抱头，收紧臀肌和腹肌，挺直背部，下巴微收。

■ **重复次数**　左右两侧交替重复动作10~15次为一组，进行
　　　　　　　　3~4组，组间休息1分钟

自然呼吸

保持背部挺直

2　下肢不动，躯干向右转，头部跟着躯干一起向右转，在躯干
　　右转至最大限度后保持 3~5 秒，再返回起始姿势，接着躯
　　干向左转，重复上述运动，左右两侧交替重复规定的次数。

练习十五：肩关节后伸练习

■ **练习目标** 强化肩背部、臀部和腿部肌肉力量

■ **重复次数** 重复10～15次为一组，进行3组，组间休息1分钟

起始姿势

不要塌腰或拱背

两侧肩胛骨向中间靠拢

1 双脚分开站立，膝关节微屈，上半身前倾，保持背部挺直，双臂悬垂，双手握拳。

2 双臂向身体两侧夹紧并向后伸展，双臂向后伸展至最大限度后保持3～5秒，再缓慢返回起始姿势，重复规定的次数。

3.3

第 3 周练习内容

　　第3周的训练目标是强化背部、肩部和手臂肌肉力量，并通过核心力量训练进一步强化核心控制，以及通过臀肌强化练习来提高整体的身体控制能力。本周涉及的力量训练以徒手训练为主，许多动作练习需要在垫子上进行。

　　*小贴士：如果你在进行某项练习时感到剧烈疼痛，应该立即停止这项练习。

星期一

| 练习十六：俯卧挺身（第 54 页） | 练习十七：俯卧胸椎活动度练习（第 56 页） | 练习十八：瑜伽"眼镜蛇"式（第 58 页） | 练习十九：俯卧"W"练习（第 60 页） |

星期二

| 练习十七：俯卧胸椎活动度练习（第 56 页） | 练习十八：瑜伽"眼镜蛇"式（第 58 页） | 练习十九：俯卧"W"练习（第 60 页） | 练习二十：腹肌练习（第 62 页） |

星期三

练习十六：俯卧挺身（第 54 页）	练习十七：俯卧胸椎活动度练习（第 56 页）	练习十八：瑜伽"眼镜蛇"式（第 58 页）	练习十九：俯卧"W"练习（第 60 页）	练习二十二：猫式伸展（第 66 页）

星期四

练习十七：俯卧胸椎活动度练习（第 56 页）	练习十八：瑜伽"眼镜蛇"式（第 58 页）	练习十九：俯卧"W"练习（第 60 页）

练习二十：腹肌练习（第 62 页）	练习二十一：臀桥（第 64 页）	练习二十二：猫式伸展（第 66 页）

星期五

练习十六：俯卧挺身（第 54 页）	练习十七：俯卧胸椎活动度练习（第 56 页）	练习十八：瑜伽"眼镜蛇"式（第 58 页）

练习十九：俯卧 "W" 练习
（第 60 页）

练习二十：腹肌练习
（第 62 页）

练习二十一：臀桥
（第 64 页）

星期六

练习十七：俯卧胸椎活动度练习
（第 56 页）

练习十八：瑜伽 "眼镜蛇" 式
（第 58 页）

练习二十二：猫式伸展
（第 66 页）

星期日

练习十七：俯卧胸椎活动度练习
（第 56 页）

练习十八：瑜伽 "眼镜蛇" 式
（第 58 页）

练习十九：俯卧 "W" 练习
（第 60 页）

练习二十一：臀桥
（第 64 页）

练习二十二：猫式伸展
（第 66 页）

练习十六：俯卧挺身

练习目标 强化背部、肩部和手臂肌肉

起始姿势

1 俯卧位，双臂伸直且举过头顶，双脚分开。

手臂保持伸直

在抬起的最大
限度稍作停留

■ 重复次数　重复8~12次为一组，进行3组，组间休息1分钟

注意

保持自然呼吸，动作轻柔有控制。如果做这个练习时腰部不适或疼痛，应立即停止。

2　下肢不动，躯干和双臂向上抬起至最大限度，保持3~5秒后，缓慢返回起始姿势，重复规定的次数。

双脚不要离地

练习十七：俯卧胸椎活动度练习

■ **练习目标** 提高胸椎活动度

左臂与地面平行

起始姿势

1 身体呈俯卧跪姿，双膝位于髋关节正下方，右臂伸直且位于肩关节正下方，左手扶于头侧面，左臂抬高至与地面水平。

全程不要弓背、塌腰

2 保持右臂伸直且固定，在吸气的同时躯干向右旋转，左肩下压到最大限度，保持 3 ～ 5 秒。

■ **重复次数** 左右两侧各重复10～15次为一组，每侧进行3组

在动作达到最大
限度后稍作停留

3 呼气的同时躯干向左旋转，左肩随之上抬到最大限
度，保持3～5秒，然后返回起始姿势，重复规定
的次数。换另一侧重复上述动作。

注意

保持自然呼吸，头部跟随躯干同步旋转，保持下
肢不动。

练习十八：瑜伽 "眼镜蛇" 式

■ **练习目标** 拉伸腹部肌肉，锻炼背部肌肉力量，缓解肩颈酸痛

起始姿势

吸气

避免肘部完全伸直

■ **重复次数** 重复10～15次为一组，进行3～4组，组间休息1分钟

注意

女士生理期和孕期不应进行这个练习。

1 俯卧于垫子上，额头点地或者鼻尖点地。双脚分开，大约与髋同宽。

2 吸气，收紧腹部，双手推地板，将头部和胸腔依次向上抬高，感觉胸腔在向上拉长，两侧肩胛骨在向脊柱靠拢。保持这个姿势3～5次呼吸的时间，随后弯曲手臂，使上身慢慢地向下落到地面，返回起始姿势，重复规定的次数。

练习十九：俯卧 "W" 练习

■ **练习目标** 强化上背部、手臂肌肉

> 起始姿势

双脚并拢

1 俯卧，双腿伸直，双臂屈肘且与躯干呈 "W" 形，在额头下放置瑜伽砖或毛巾。

■ **重复次数** 重复8～12次为一组，进行3～4组，组间可休息1分钟

保持自然呼吸

下肢保持不动

2 腹部肌肉收紧，双臂保持"W"形的同时抬离地面，头也随之抬起。保持这个姿势 3 ～ 5 秒，然后缓慢返回起始位置，重复规定的次数。

练习二十：腹肌练习

■ **练习目标** 强化腹肌力量

起始姿势

夹角呈 90 度

1 仰卧，弯曲双腿，使双腿在髋关节和膝关节处呈直角，双臂伸直平放在身体两侧。

■ **重复次数** 重复10～15次为一组，进行3～4组，组间可休息1分钟

尽可能收紧腹肌使
肩胛骨离开地面

2 下肢不动，腹肌收缩带动头部和肩背部向上抬起。保持这个姿势3～5秒，然后缓慢返回起始姿势，重复规定的次数。

练习二十一：臀桥

练习目标 强化臀肌

脚尖也可以勾起

起始姿势

1 仰卧在垫子上，双臂分别放在身体两侧，屈髋屈膝，脚掌平放在垫子上或者勾起脚尖。

重复次数　重复10～15次为一组，进行3～4组，组间可休息1分钟

💡 用手指触摸时能感觉到臀部肌肉变硬，就是臀部肌肉正在收紧。臀部抬高至躯干与大腿呈一条直线即可，避免过度抬高引起腰部不适或疼痛。

保持肩部紧贴地面

2　臀部肌肉收紧，然后进一步发力使臀部向上抬起至躯干与大腿呈一条直线。保持这个姿势3～5秒，然后缓慢返回起始姿势，重复规定的次数。

练习二十二：猫式伸展

■ **练习目标** 缓解身体僵硬感和背部疼痛

■ **重复次数** 重复8～10次为一组，进行3～4组，组间可休息1分钟

起始姿势

1 跪于垫上，用双膝和双手支撑身体，其中双手位于肩关节下方，双膝位于髋关节下方，颈部伸直且目视地面。

头部随之向下运动

2 双臂和下肢不动，在吸气的同时将背部向上拱起至最大限度，保持 3～5 秒。

头部随之上抬

3 在呼气的同时将背部下压至最大限度，保持3～5秒，返回起始姿态，重复规定的次数。

3.4

第4周练习内容

第4周的锻炼目标在于进一步强化背部、肩部和手臂肌肉力量和核心力量。本周涉及的一些力量训练需要借助弹力带。刚开始使用弹力带训练时，可以使用阻力小的弹力带，之后随着锻炼水平的提高，逐渐使用阻力更大的弹力带。

*小贴士：如果你在进行某项练习时感到剧烈疼痛，应该立即停止这项练习。

星期一

练习二十三：肩关节抗阻后伸（第70页）	练习二十四：肩外旋抗阻练习（第72页）	练习二十六：核心力量训练（第76页）	练习二十八：背部筋膜拉伸（第80页）

星期二

练习二十三：肩关节抗阻后伸（第70页）	练习二十五："墙上天使"（第74页）	练习二十七：抗阻扩胸练习（第78页）	练习二十八：背部筋膜拉伸（第80页）	练习二十九：胸椎灵活性练习（第82页）

星期三

练习二十五："墙上天使"（第 74 页）	练习二十六：核心力量训练（第 76 页）	练习二十七：抗阻扩胸练习（第 78 页）	练习二十八：背部筋膜拉伸（第 80 页）	练习二十九：胸椎灵活性练习（第 82 页）

星期四

练习二十五："墙上天使"（第 74 页）	练习二十八：背部筋膜拉伸（第 80 页）	练习二十九：胸椎灵活性练习（第 82 页）

星期五

练习二十三：肩关节抗阻后伸（第 70 页）	练习二十四：肩外旋抗阻练习（第 72 页）	练习二十五："墙上天使"（第 74 页）	练习二十六：核心力量训练（第 76 页）	练习二十八：背部筋膜拉伸（第 80 页）

星期六

练习二十四：肩外旋抗阻练习（第72页）	练习二十五："墙上天使"（第74页）	练习二十六：核心力量训练（第76页）	练习二十八：背部筋膜拉伸（第80页）	练习二十九：胸椎灵活性练习（第82页）

星期日

练习二十五："墙上天使"（第74页）	练习二十六：核心力量训练（第76页）	练习二十七：抗阻扩胸练习（第78页）	练习二十八：背部筋膜拉伸（第80页）	练习二十九：胸椎灵活性练习（第82页）

练习二十三：肩关节抗阻后伸

■ **练习目标** 强化肩部和上背部肌肉

起始姿势

挺胸抬头

使弹力带处于收紧
状态

1 将弹力带中间段固定在位置较高处（锚点），双臂伸直
上抬并抓住弹力带两端，双脚分开站立并调整站立位置
与锚点之间的距离，使弹力带处于收紧状态。

■ **重复次数** 重复10～15次为一组，重复3～4组

感受两侧肩胛骨向
脊柱中间靠拢

2 双臂伸直，双手向后拉弹力带至双臂垂直于地面，保持3～5秒后，缓慢返回起始姿势，重复规定的次数。

练习二十四：肩外旋抗阻练习

练习目标 强化肩部肌肉

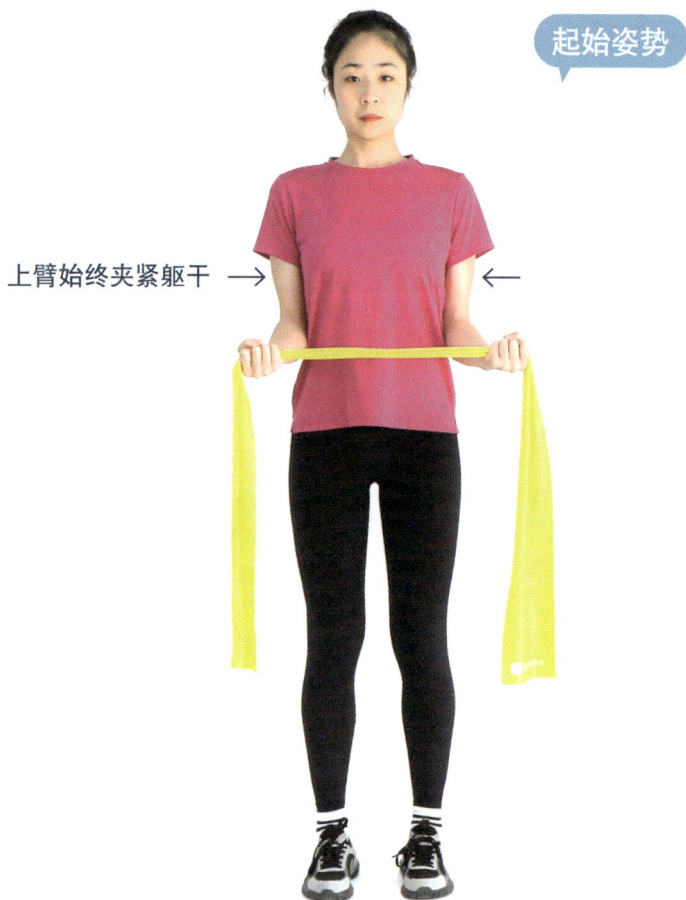

起始姿势

上臂始终夹紧躯干 →　　　←

1　双脚分开站立，双臂上臂夹紧躯干，肘关节屈曲 90 度，前臂平行于地面，双手握住弹力带中段并保持弹力带处于收紧状态。

■ 重复次数 重复10～15次为一组，进行3～4组，组间休息
1分钟

匀速拉扯弹力带

双臂前臂平
行于地面

2 上臂不动，双手握住弹力带并分别向两侧打开至最大
限度，保持3～5秒后，缓慢返回起始姿势，重复规
定的次数。

练习二十五："墙上天使"

■ **练习目标** 强化背部肌肉力量

起始姿势

肩部

肘部

💡 若前臂无法贴紧墙面，需至少保持肩部和肘部贴紧墙面。

脚跟与墙面保持 10 厘米左右的距离

1 靠墙双脚分开站立，腰背部尽量贴向墙面，双脚离墙 10 厘米左右，双臂屈肘且与躯干呈"W"形，肩部和肘部、前臂贴紧墙面。

■ **重复次数** 重复10～15次为一组，重复3～4组，组间休息
1分钟

保持身体
稳定不动

注意

如果头部不能
贴到墙上，不
要进行此练习。

2 躯干和下肢不动，双臂在保持肘部紧贴墙面的情况
下向上伸展至最大限度，保持 3 ～ 5 秒后，缓慢返
回起始姿势，重复规定的次数。

练习二十六：核心力量训练

■ **练习目标** 强化核心力量

起始姿势

脚尖触地

1 跪于垫上，用双膝和双手支撑身体，其中双手位于肩关节下方，双膝位于髋关节下方，颈部伸直且目视地面。

■ **重复次数** 左右各重复8~10次为一组，每侧进行2~3组，
组间休息30秒

2 左腿向后伸直并向上抬起至与躯干呈一条直线，同时
右臂向前伸直并向上抬起至与躯干呈一条直线。保持
这个姿势 10 秒左右，然后缓慢返回起始姿势，重复
规定的次数。换另一侧重复上述动作。

注意

如果刚开始无法保持姿势 10 秒左右，可以循序
渐进，慢慢增加时长。

练习二十七：抗阻扩胸练习

■ **练习目标** 强化肩背部肌肉

起始姿势

拳心向上

1 双脚分开站立，双臂于肩前水平伸直，双手握住弹力带中段并保持弹力带处于收紧状态。

■ **重复次数** 重复10～15次为一组，进行3～5组，组间休息1分钟

臀肌和腹肌有
意识地收紧

2 肩胛骨向脊柱中间靠拢，双手握住弹力带，双臂分别向两侧打开至最大限度，保持3～5秒后，缓慢返回起始姿势，重复规定的次数。

练习二十八：背部筋膜拉伸

■ **练习目标** 拉伸背部筋膜

起始姿势

身体呈一条斜线

与墙面保持一定距离

1　面向墙双脚分开站立，双臂位于肩部正前方，双手撑墙，双脚距离墙面较远，头部、躯干与下肢呈一条斜线。

■ **重复次数**　拉伸2~3次

注意

保持自然呼吸；避免过度拉伸。

下压
↓

先屈髋再屈膝

2　双手和双脚位置不动，屈髋屈膝微蹲，同时头部和躯干向下压，直至感到背部有明显的拉伸感，保持此姿势至少30秒，然后返回起始姿势，重复规定的次数。

练习二十九：胸椎灵活性练习

■ **练习目标** 提高胸椎灵活性

■ **重复次数** 左右两侧各重复15～20次为一组，每侧进行
3～4组

起始姿势

1 以向左旋转为例，身体呈弓
步跪姿，躯干和头部保持直
立，右侧髋部紧贴墙面，双
臂伸直上举至与地面平行，
双手掌心相对。

💡 膝盖下可垫毛巾、瑜
伽砖等，避免膝盖因受压
而产生不适。

眼睛追随手的
运动

2 下肢和右臂不动，左臂保
持伸直并向左侧打开至最
大限度，同时躯干和头部
随之向左旋转。左臂打开
至最大限度后保持3～5
秒，再返回起始姿势，重
复规定的次数。换另一侧
重复上述动作。

第 4 章

日常改善肩颈紧张及疼痛的练习

▶ 减轻肩部特定部位疼痛的练习

长期保持一种姿势或采取错误姿势会导致肩颈部血液循环受阻，进而造成相关肌肉紧张，活动时伴有疼痛。当你长期伏案工作时，或者重复抬起和搬运重物时，肌肉都会因为负荷过重而紧张。这会导致肌肉疲劳，进而出现肌肉疼痛和痉挛。

除了负荷过重，压力、抑郁和心理负担也会引起肌肉紧张。其他一些不良生活习惯也会引起肩颈区和手臂肌肉的紧张，例如躺在床上看书或刷手机等。

本章内容总结了一些可以减轻肩部特定部位疼痛的练习，如果你的肩部出现了疼痛，可以尝试以下练习来缓解。你可以先试练几天，看看效果，如果确有好转，则可以坚持做下去。如果仍没有好转，建议及时就医。

通过自我按摩改善局部血液循环

我们可以利用一个硬质小球，例如筋膜球或网球，来放松肩部紧张的肌肉。首先，我们找到肩部周围感觉僵硬的地方，可以用手轻轻地按压，有酸痛感或硬结的部位就是我们需要放松的地方。其次，将网球放在僵硬的部位，慢慢地垂直施加压力，将网球深入肌肉深层，保持接触面的压力，在小范围内滚动网球。

动作一

动作二

胸部近肩

上背部

动作三

上臂侧面

动作四

上臂前侧

动作五

上臂后侧

动作六

腋窝下侧

4.2

工作间隙小练习：缓解久坐带来的肌肉酸痛

双手反扣扭转练习

■ **重复次数**　左右交替重复10~15次为一组，进行3~4组

起始姿势

扭转至最大限度

收紧腹部

1 坐在椅子上，肩颈放松，双脚分开，双臂上举至头顶且紧贴双耳，双手于头顶正上方反手交握。

2 下肢不动，头部、躯干和双臂同步向左侧扭转至最大限度，保持3~5秒，然后缓慢恢复起始姿势。换另一侧重复上述动作，左右交替重复规定的次数。

绕肩练习

■ **重复次数** 重复10～15次为一组，进行3～4组，组间休息1分钟

起始姿势

双臂屈肘上抬

1 双脚分开站立，双手置于肩上，目视前方。

2 头部、躯干和下肢不动，双肩同时向前、向后画圈，然后返回起始姿势，重复规定的次数。

注意

保持自然呼吸，画圈动作要慢。

手臂画圆

肩背肌筋膜拉伸

■ **重复次数**　重复2~3次

起始姿势

肩颈放松

下肢不动

双脚分开

1　坐在椅子上，收小腹，双臂屈肘上举并用右手从头后抓住左肘。

2　右手拉住左肘向右侧拉，躯干随之向右侧倾斜，至最大限度后保持 30 ~ 60 秒。缓慢恢复起始姿势。

注意

颈部保持放松，不要因勉强拉伸而压迫颈椎。

3 换另一侧重复上述动作，重复规定的次数。

4.3

针对肩痛的练习

肩部疼痛的时候可以进行以下纠正锻炼来缓解疼痛。进行纠正锻炼的重点如下。

① 不用关注次数多少，活动起来比较轻松即可，可适当增加或减少练习次数。

② 进行某个练习时感到剧烈疼痛或不舒服的范围逐渐缩小，或是症状减轻时，则持续做该练习，并不用做全部的运动，而是反复做能使症状缓解的练习。

③ 进行某个练习时感到剧烈疼痛或不舒服的范围扩大时，或者疼痛范围没有缩小，而是感到更痛时，应马上停止做该练习。

纠正练习 1

起始姿势

1　坐在椅子上，可以往后坐一点，尽可能使整个大腿坐在椅子上，疼痛侧手臂伸直并抓住椅座。

！ 错误姿势

2 保持疼痛侧手臂伸直，上半身向不痛侧手臂倾斜，同时颈部向疼痛倾斜，对疼痛侧肩膀产生一个牵引力。

注意

避免颈部和上半身向同一侧倾斜（见错误动作图），因为这样可能会对颈部神经造成压力，引起神经问题，需要特别注意。

纠正练习 2

起始姿势

避免快速、过于用力地拉动疼痛侧前臂。

保持自然呼吸

下肢不动

1 双脚分开站立，疼痛侧腋下夹住用毛巾包裹的矿泉水瓶，不痛侧手抓住疼痛侧前臂。

2 不痛侧手向斜下方拉疼痛侧前臂，使疼痛侧肩关节打开。